ŒUVRE

DES

DAMES DU CALVAIRE

POUR

LES PAUVRES FEMMES INCURABLES

COMPTE RENDU

DE LA NEUVIÈME ANNÉE

(1920)

ROUEN

IMPRIMERIE DE LA VICOMTÉ

75, Rue de la Vicomté

1921

ŒUVRE

DES

DAMES DU CALVAIRE

———

COMPTE RENDU

ŒUVRE

DES

DAMES du CALVAIRE

POUR

LES PAUVRES FEMMES INCURABLES

COMPTE RENDU

Vingt-Neuvième Année

(1920)

ROUEN

IMPRIMERIE DE LA VICOMTÉ

75, Rue de la Vicomté

1921

ŒUVRE des DAMES du CALVAIRE
DE ROUEN

PRÉCIS SUR L'ŒUVRE DU CALVAIRE

L'Œuvre des *Dames* du Calvaire a été fondée à Lyon le 8 Décembre 1842, avec l'autorisation de Son Eminence le Cardinal de Bonald, par Mme Veuve GARNIER-CHABOT, jeune veuve de vingt-quatre ans. Cette Œuvre est donc sortie d'une grande douleur et d'un veuvage chrétien.

Elle a reçu la bénédiction apostolique de N. S. P. le Pape Pie IX et en 1901, celle de N. S. P. le Pape Léon XIII, qui y a attaché de nombreuses indulgences.

Elle a pris naissance à Paris, le 8 décembre 1874; à Saint-Etienne, en 1875; à Marseille, en 1881; à Bruxelles, le 8 décembre 1886; à Rouen, avec la haute approbation de Son Eminence le Cardinal Thomas, le 8 décembre 1891; à New-York, en 1899, et à Bordeaux, en 1909.

Le but de l'Œuvre est de réunir les dames veuves en une grande famille, de pourvoir, par le bénéfice de l'Association, à leur sanctification, et de les consoler par l'exercice de la charité.

A cette fin, l'Œuvre a fondé un hospice où sont reçues *gratuitement* des femmes incurables, atteintes de plaies vives, qui ne peuvent trouver de place dans les hôpitaux ou qu'on n'y garde pas parce qu'on est impuissant à les guérir.

L'Association se compose :

AU DEDANS DE L'HOSPICE

1° *Des Dames du Calvaire :* Dames veuves sociétaires, résidant dans l'Hospice, qui se consacrent aux soins des malades et au gouvernement de la Maison et annulent, par une pension, les dépenses qu'elles y occasionnent;

2° *Des Filles du Calvaire :* dont le dévouement est gratuit et devient une sainte vocation.

Déclarées aptes après un an d'essai, les Filles auxiliaires ne sont plus renvoyées, pour cause de maladie ou d'infirmités : la Maison les adopte pour enfants et pourvoit à tous leurs besoins.

Elles ont part à tous les exercices religieux.

3° *Des Veuves Auxiliaires :* d'une condition plus modeste, remplissant des emplois sous la direction des Dames résidantes.

AU DEHORS DE L'HOSPICE

1° De Dames veuves *agrégées,* qui vivent dans le monde, mais donnent aux œuvres de l'hospice, même dans le soin des malades, un concours personnel et régulier;

2° De Dames veuves *zélatrices,* qui travaillent à l'accroissement du nombre des Associées, et veulent bien se charger de recueillir les cotisations;

3° De toutes les personnes *associées* qui concourent à l'existence de l'hospice par une aumône annuelle, dont le minimum est fixé à 20 francs. — Les Dames veuves sont seules admises pour le service des malades.

Un don de 1.000 francs donne le titre de bienfaiteur avec droit à l'entrée d'une malade.

La fondation à perpétuité d'un lit dans l'hospice peut être faite moyennant un don de 10.000 francs, soit en un nom particulier, soit au nom d'une paroisse, pourvu que les malades proposées soient bien dans les conditions de l'Œuvre, c'est-à-dire qu'elles aient des plaies extérieures, réputées incurables et nécessitant des pansements.

On reçoit avec reconnaissance à l'hospice tout ce qui peut alléger la dépense : charbon, pâtes alimentaires, huile, sucre, café, linge neuf ou vieux, vêtements, couvertures, objets mobiliers, etc., etc.

Les personnes qui recevront ce compte rendu sont priées de le faire connaître pour amener de nouveaux Associés à l'Œuvre.

Tous les premiers vendredis du mois la messe est dite pour les bienfaiteurs de l'Œuvre et le Saint-Sacrement exposé toute la journée. Le salut a lieu à trois heures et demie et est précédé d'une instruction. Tous les mois, deux messes sont dites pour les Bienfaiteurs décédés.

Pour tous les renseignements complémentaires, s'adresser à :

Monsieur le Supérieur, 8, rue Chasselièvre;

Madame la Supérieure, à l'Hospice, place de l'Eglise Saint-Gervais;

Mme Veuve GUESNIER, Présidente, 96, rue Jeanne-d'Arc;

Mme Veuve ROCQUES, Vice-Présidente, 61, rue Beauvoisine;

Mme Veuve ABSIRE, 5, boulevard Gambetta;
Mme Veuve MOREL-BILLET, 9, rue des Bonnetiers;
Mme Veuve TOURNEUR, 6, rue Chasselièvre;
Mme Veuve DURET, 51, rue Stanislas-Girardin.

Conseillères

ASSEMBLÉE GÉNÉRALE

15 *Avril* 1921

L'Assemblée générale de l'Œuvre du Calvaire a eu lieu le mardi de la Passion, 15 avril 1921, à trois heures, sous la présidence de S. G. Mgr Dubois de la Villerabel, dans la chapelle de l'Hospice.

A son arrivée, Monseigneur l'Archevêque est reçu par M. le Curé de Saint-Gervais, Supérieur de la Maison, M. l'Aumônier, le clergé de Saint-Gervais, Madame la Supérieure et les Dames du Calvaire. Sa Grandeur est conduite d'abord au parloir où Madame la Supérieure lui présente Mme Guesnier, présidente, Mme Roques, vice-présidente, les Dames du Conseil, les Dames panseuses, M. Le Picard et M. Lacour, de la Société civile. Monseigneur ayant revêtu son habit de chœur, monte à la Chapelle qui est déjà remplie d'une très nombreuse assistance. Sa Grandeur, à laquelle M. le Supérieur présente, à la porte, l'eau bénite et l'encens, fait son entrée au chant du *Benedictus* et va prendre place au trône qui a été dressé dans le chœur, assistée par M. le Supérieur et par M. l'abbé Bertin, son secrétaire particulier. Monseigneur donne alors la parole à M. l'Aumônier pour la lecture du compte rendu.

MONSEIGNEUR,

Ayant l'honneur et le bonheur de recevoir pour la première fois Votre Grandeur à l'Hospice du Calvaire, nous éprouvons tout d'abord le besoin de vous offrir l'hommage de notre plus religieux respect et de vous remercier de la bonté avec laquelle vous avez bien voulu répondre à notre invitation au lendemain de votre arrivée dans le diocèse. Le caractère de notre Œuvre n'est sans doute pas étranger à la marque de bienveillance dont nous sommes l'objet de la part de Votre Grandeur : votre cœur qui s'est penché avec tant de sollicitude sur toutes les misères causées par la guerre dans la Picardie, n'a pu rester indifférent aux souffrances qu'abrite cette Maison, et vous avez tenu à venir apporter, avec l'une de vos premières bénédictions, vos meilleures consolations aux pauvres malades ainsi que vos précieux encouragements à celles qui les soignent. Les unes et les autres sont profondément touchées de cette délicate attention de Votre Grandeur à leur égard. Les Dames du Calvaire qui perdaient hier en Son Eminence le Cardinal Dubois un père plein de bonté remercient la Providence de leur en avoir rendu un autre non moins bienveillant, et elles se plaisent à y voir un nouveau gage de prospérité pour l'avenir de leur Œuvre.

Notre joie serait complète, Monseigneur, si le deuil cruel qui vient de nous frapper et auquel Votre Grandeur a daigné s'associer d'une façon qui nous a profondément émues, ne jetait un voile de tristesse sur cette réunion. Tout en réservant au compte rendu de l'année 1921 la notice que mérite Mère Yger, nos cœurs unis aux vôtres — n'est-il pas vrai, Mesdames ? — nous font un pieux devoir d'évoquer aujourd'hui le souvenir de celle qui fut la Fondatrice du Calvaire de Rouen et qui y a consacré vingt-neuf ans de sa vie. Merveilleusement douée des dons de la nature, sachant manier avec la même finesse et la même habileté la plume et le pinceau, Mère Yger avait plus encore un cœur d'une charité inépuisable et une âme d'une piété et d'une humilité admirables. Si Notre-Seigneur a promis une si magnifique récompense à quiconque donnerait un verre d'eau en son nom, quel n'aura pas été l'accueil auprès de Lui de celle qui a usé ses forces au soulagement de six cent soixante-trois de ses membres souffrants et qui a ouvert les portes de la bienheureuse éternité à trois cent trente-sept d'entre elles ?

La disparition de notre chère Fondatrice qui cause un si grand vide parmi nous se fera sentir jusque dans ce rapport, car c'était à elle qu'il appartenait chaque année de le faire, et vous savez, Mesdames, avec quel succès elle s'en acquittait, comme elle réussissait à renouveler un sujet un peu uniforme ! Ces comptes rendus écrits d'un style alerte relevé d'une pointe de finesse et pleins d'observations judicieuses mêlées à de pieuses considérations, étaient un véritable régal littéraire. C'est notre désolation encore, Monseigneur et Mesdames, de ne pouvoir vous le procurer aujourd'hui. Que notre vénérée Fondatrice veuille bien nous aider du haut du Ciel à ne pas nous montrer aujourd'hui trop inférieures à elle !

Le but que nous poursuivons ici, Monseigneur, c'est celui-là même dont une veuve de vingt-quatre ans eut l'idée la première et que la grâce de Dieu lui permit de réaliser avec succès. Mme Garnier-Chabot, de Lyon, après avoir goûté les douceurs de la vie familiale, perdait successivement son mari et ses deux enfants. Il ne lui restait plus rien. Tombée dans le plus profond désespoir, elle finissait cependant par se ressaisir et cherchait une dérivation à sa douleur dans les œuvres de charité. Visitant les pauvres, elle choisissait de préférence les plus misérables. C'est ainsi qu'ayant entendu parler d'une lépreuse que personne ne voulait approcher, elle alla la voir, pansa ses plaies et nettoya son taudis. Sans se laisser rebuter par l'horreur du mal ni par les outrages de la malheureuse, elle revint souvent quand, un jour, elle eut l'étonnement de voir la pauvre femme lui demander pardon et lui baiser les mains. Une pareille transformation lui fit éprouver à elle-même un inexprimable soulagement : à la pensée qu'elle avait apaisé la souffrance d'une âme torturée par le mal qui rongeait son corps, elle avait senti le calme renaître en elle-même. Elle en retira un si grand bienfait qu'elle voulut en faire profiter celles dont la vie familiale, comme la sienne, avait été brisée par la mort. Pourquoi, se dit-elle, ces veuves ne se réuniraient-elles pas pour se consoler en soulageant les maux de ceux dont le monde a horreur et que les hôpitaux rejettent sans pitié ? Elle soumit son projet à l'Archevêque, le Cardinal de Bonald qui, après l'avoir écoutée attentivement, lui dit : « Allez, votre œuvre est bonne ; elle sera difficile, mais Dieu vous soutiendra », et il ajouta : « Vous l'appellerez : les Dames du Calvaire ». Ces événements se passaient en 1842.

Les idées sublimes sont fécondes. Trente-quatre ans après, un second Calvaire était fondé à Paris ; puis un troisième à Saint-Étienne, en 1875 ; un quatrième à Marseille, en 1881 ; un cinquième à Bruxelles, en 1886. Le sixième devait l'être à Rouen en 1891.

Permettez-nous, Monseigneur, de vous raconter brièvement l'histoire de cette fondation ; ce sera en même temps pour nous-mêmes une nouvelle occasion de rendre grâces à Dieu d'avoir permis que cette entreprise fût menée à bonne fin. Celle d'entre nous qui devait être la fondatrice du Calvaire de Rouen fit d'abord un séjour de six années au Calvaire de Paris.

De retour à Rouen, elle soumit son projet à votre vénéré prédécesseur, le Cardinal Thomas, qui le bénit et l'encouragea. Mgr Jourdan de la Passardière, M. le Chanoine Durier — qui devint dans la suite notre premier Supérieur, — M. Regnault, archiprêtre de la Cathédrale, lui donnèrent leur appui le plus précieux pour l'établissement de l'Œuvre. Deux autres veuves de bonne volonté furent sollicitées qui acceptèrent de se joindre à la Fondatrice. Restait à trouver une maison : celle-ci était vide depuis cinq ans. Mlle Rey qui y dirigeait l'Ecole normale d'Institutrices l'avait quittée dans des circonstances douloureuses, lorsqu'on voulait en enlever les crucifix; elle ne pouvait prévoir que sa chère maison deviendrait l'asile des pauvres femmes atteintes de la cruelle maladie qui devait l'emporter elle-même. Et, en effet, la Supérieure, la Fondatrice et une troisième dame s'y installèrent le 1er décembre 1891. Le 7 décembre, le Cardinal Thomas voulut lui-même venir nous remettre nos Croix et nous donner sa bénédiction. Selon une coutume chère aux Calvaires, désireux de se mettre sous la protection de Marie-Immaculée, la bénédiction solennelle de la Maison fut faite le lendemain 8 décembre par Mgr Jourdan de la Passardière; ce fut lui également qui, ce même jour, introduisit Notre-Seigneur dans notre chapelle qui n'était alors qu'un bien modeste oratoire; nous voyons encore le vénérable prélat amenant silencieusement le Très-Saint-Sacrement de l'Eglise voisine et le déposant dans notre Tabernacle; nous l'entendons nous dire : « Notre-Seigneur ne vient pas ici comme un passant. Il vient pour habiter, pour demeurer comme un père qui ne quittera plus ses enfants ». Depuis ce jour, en effet, Notre-Seigneur est resté au milieu de nous, nous soutenant par sa pré-

sence et comblant notre Maison de ses meilleures bénédictions. Ainsi établie et organisée, l'Œuvre ne de-
mandait qu'à se développer. Pour obtenir cet accroissement, il lui fallait d'abord des malades. A l'ou-
verture de l'Hospice nous n'en avions qu'une seule;
quelques jours plus tard, il en vint deux autres, puis
peu à peu, les lits se remplirent, bientôt même il fallut
ouvrir une seconde salle. Pendant ces vingt-neuf
années, nous avons reçu six cent soixante-trois malades dont trois cent trente-sept sont parties pour le
Ciel.

Pour soigner les malades, nous avions besoin de
dames résidentes: nous n'étions que trois au début;
mais, dès le mois de mars 1892 une nouvelle sœur
vint se joindre à nous qui se dévoua aux pauvres incurables pendant vingt-sept ans: Dieu l'a rappelée à Lui
l'an dernier ; puis, dans les années suivantes, deux
autres, et enfin plus récemment, deux dames qui ont
déjà reçu la médaille et qui recevront prochainement
la Croix. Il nous fallait aussi des filles auxiliaires :
nous en avons compté jusqu'à huit; elles ne sont plus
que trois aujourd'hui, qui, malgré leur dévouement,
ne peuvent suffire à la besogne. C'est dire que le
concours de dames non résidentes nous était très né-
cessaire : nos appels eurent pour résultat d'attacher
à notre Œuvre des personnes zélées qui furent bien
vite de véritables amies pour nous et de douces bien-
faitrices pour nos malades, et particulièrement, celle
qui voulut bien accepter de se mettre à leur tête, notre
Chère Présidente; nous craindrions de blesser sa mo-
destie si nous vous disions, Monseigneur, tout ce que
nous lui devons, les intentions pleines de délicatesses
dont elle ne cesse d'entourer nos malades. Qu'elle
veuille bien du moins recevoir un nouveau témoignage

de notre religieuse reconnaissance à laquelle nous associons toutes celles qui viennent, parfois de loin, et par tous les temps, nous aider à panser et à servir nos malades. Aussi bien, d'ailleurs, trouvent-elles, comme nous-mêmes, leur meilleure récompense dans l'affection que leur témoignent leurs protégées ainsi que dans l'allègement de leur propre douleur, tant il est vrai qu'il n'est pas de meilleure consolation à ses peines que de soulager celles des autres. « O Dieu caché », disait une des fondatrices du Calvaire, « que vos voies sont admirables ! Je voulais tout faire pour les autres, et il me semble que j'ai tout fait pour moi-même. Je voulais soulager les malades, et j'ai pansé mes blessures ! Je voulais calmer leurs douleurs, et j'ai perdu l'amertume des miennes ! Je voulais tout donner et j'ai tout trouvé ! »

Sachant bien cependant que le dévouement à des malades ne suffit pas pour les soulager, nous devions nous assurer le concours d'un docteur qui voulut bien accepter de visiter nos pauvres infirmes : celui-ci ne nous a jamais manqué; de ce côté encore nous avons toujours rencontré la sollicitude la plus charitable unie à la science médicale la plus expérimentée, d'abord dans le docteur Levêque, puis, pendant vingt-sept ans, dans le docteur Marie Roussel. M. Cauchois, notre docteur actuel, ne le cède en rien à cet égard à ses prédécesseurs : il ne ménage ni son temps, ni ses forces pour soigner et soulager nos chères souffrantes; nous l'en remercions de tout cœur.

Enfin, étant essentiellement une Œuvre de charité destinée à recevoir gratuitement des incurables, il fallait trouver le moyen de nous procurer des ressources. Des zélatrices dévouées se chargèrent de recueillir des cotisations. Leur produit, augmenté de

dons souvent anonymes qui nous parvenaient par la
poste ou qui étaient remis discrètement dans le tronc
placé à la porte d'entrée, nous suffit pendant long-
temps. L'accroissement du prix actuel de la vie nous
a contraint à recourir à un Sermon de Charité depuis
1918. Cependant, ces difficultés matérielles nous ont
permis de mieux sentir la bonté de la Providence qui
ne nous a jamais abandonnées et qui est toujours venue
à notre secours aux moments les plus critiques; quelle
dette de reconnaissance ne lui devons-nous pas encore
à cet égard ainsi qu'à tous ceux qui se sont faits ses
instruments pour nous venir en aide ?

Tout cela n'est cependant que le côté extérieur de
notre Œuvre; elle en offre un autre qui, pour être
plus caché aux yeux des hommes, n'en donne pas
moins sa physionomie propre au Calvaire, je veux
dire l'esprit qui l'anime. Cet esprit est l'esprit de charité, mais d'une charité qui panse les plaies du corps
sans oublier celles de l'âme. « Songez bien à ces
pauvres corps », nous disait un jour celui qui devait
devenir l'évêque de Bayeux, « mais songez surtout à
ouvrir les âmes à Dieu. Aplanissez les sentiers de Jésus,
démontrez sa divinité en faisant croire à l'amour ».
C'est bien là l'idéal d'une Dame du Calvaire : son but
est de donner ou de rendre les âmes des malades à
Jésus. Voilà pourquoi la Chapelle est au centre de la
Maison, s'ouvrant sur les dortoirs, faisant corps en
quelque sorte avec eux. Nous dûmes cependant nous
contenter, dans les débuts, d'un modeste Oratoire :
c'est en 1899 que, grâce à la générosité de la Fondatrice, il put être remplacé par ce gracieux édifice dont
l'élégance et la pureté des lignes réjouissent les yeux
en même temps qu'elles portent les âmes à la prière.
Chez nous, Jésus est vraiment au milieu des malades:

celles-ci profitent ainsi de la proximité de sa présence.
Chaque matin, les portes des dortoirs s'écartent sur
leurs coulisses et nos pauvres femmes, du fond de
leur alcôve, distinguent le son de la clochette, les invo-
cations du prêtre à l'autel, pendant que l'une d'entre
nous agenouillée près d'elles, leur lit à haute voix les
prières de la Messe, et, comme jadis, Jésus répond à
l'appel de celles qui souffrent et qui ne peuvent s'approcher de Lui en descendant de son Autel pour venir
à elles, allant leur porter les consolations de son Cœur
compatissant à toutes les misères. La Messe dite, les
portes se referment, mais il reste dans ces salles, pour
la journée, le parfum de la visite de Jésus. Dans
l'après-midi, les portes se rouvrent de nouveau pour
apporter à nos malades l'écho du chapelet, du Chemin
de la Croix et les aider à unir leurs souffrances à celles
de leur Dieu. Ce que nous avons fait pour favoriser
la vie spirituelle de nos malades est cependant bien
peu de chose et fut resté très insuffisant sans les
secours que leur ont toujours apportés les prêtres que
vos vénérés prédécesseurs, Monseigneur, ont bien voulu
attacher à notre Œuvre, soit comme Supérieur, soit
comme Aumônier, soit comme Catéchiste. Ce sont eux
qui ont communiqué aux âmes la vie divine, qui les
ont instruites, qui les ont nourries du pain de Vie, qui
leur ont ouvert les portes du Ciel. Quelle dette de
reconnaissance n'avons-nous pas contractée envers
eux ? elle s'accroît chaque jour, car sans oublier les
services rendus par nos Supérieurs d'hier, nos cœurs
sont pleins de gratitude pour le dévouement que nous
montre notre vénéré Supérieur d'aujourd'hui, M. le
Curé de Saint-Gervais, toujours si empressé à apporter
à nos malades le secours de son ministère dont nous
bénéficions nous-mêmes avec l'appui de ses sages

conseils et de sa sûre direction. Nous n'oublions pas non plus notre zélé Catéchiste, M. l'abbé Sas, dont les exhortations donnent à nos malades une connaissance de la religion que les années leur ont fait oublier ou même parfois qu'elles n'ont jamais eue.

Et notre Aumônier si pieux, si zélé, si dévoué, si attaché à notre Œuvre et qui, chaque matin, malgré les rigueurs de la saison, arrive à six heures et demie pour dire la Messe et nous donner notre Jésus, notre soutien, notre espérance. Nous le prions de recevoir ici l'expression de notre bien vive reconnaissance.

Son Eminence le Cardinal Dubois étant en Syrie l'an dernier, au mois de mars, M. l'abbé Jomard, Vicaire Général, avait aimablement accepté de présider notre Réunion générale; nous avons regretté que l'état de sa santé l'empêchât de tenir sa promesse, mais nous sommes très reconnaissantes à M. le Chanoine Caulle, Vicaire Général et Doyen du Chapitre, d'avoir bien voulu le remplacer.

La visite de S. E. le Cardinal ne fut cependant que retardée, car Son Eminence daigna venir nous voir le dimanche 25 juillet, après les vêpres de Saint-Gervais, où elle avait présidé les fêtes du cinquantenaire du Patronage Saint-Victrice. Le Cardinal monta dans les dortoirs, bénit les malades, disant à chacune un mot aimable et laissant à toutes le souvenir consolateur de sa grande bonté.

Maintenant, Monseigneur et Mesdames, qu'il nous soit permis de vous entretenir de l'année qui vient de s'écouler.

Cette année, il faut le dire, a été bien difficile et bien dure par les préoccupations matérielles qu'elle nous a apportées. Le renchérissement des choses les plus indispensables nous a causé bien des soucis. Nous avons eu souvent des moments d'angoisse, nous demandant même à certaines heures si nous pourrions continuer notre Œuvre de dévouement près des pauvres incurables.

Avec les soucis, il y a eu aussi les deuils toujours trop nombreux : deuils dans la Maison — nous vous en reparlerons tout à l'heure — mais aussi deuils du dehors, d'amis et de bienfaiteurs de l'Œuvre. Parmi ces derniers, il en est un qui nous a été particulièrement sensible, celui de M. le Chanoine Lerminier qui fut notre Aumônier, de juillet 1913 au mois de mars 1919, et qui ne nous quitta que le jour où ses forces ne lui permirent plus d'accomplir le long trajet qui séparait sa demeure de la nôtre. Nous lui resterons toujours très reconnaissantes de ce qu'il fit pour nous assurer ponctuellement la Sainte-Messe aux dépens mêmes de sa santé et en dépit de son âge, et nous lui gardons une place dans nos prières.

Nos embarras et nos peines n'ont pas été cependant sans compensations ni consolations. D'abord, du côté matériel, la Providence ne nous a pas abandonnée, si ce n'est pas en vain que nous lui récitons chaque jour des litanies composées en son honneur, notre confiance a été largement récompensée. Elle nous a ouvert les portes auxquelles nous sommes allées frapper et touché les cœurs auxquels nous nous sommes adressées. Elle s'est servie également d'une âme très charitable qui a eu la bonté de faire des démarches pour nous obtenir du Conseil municipal une subvention, démarches qui ont été couronnées de succès; après être venu visiter notre hospice, M. le Dr Cerné a fait un rapport favorable au Conseil municipal qui a voté une somme de

1.000 francs pour notre Œuvre. Puis, grâce à deux bonnes quêteuses, notre Sermon de Charité a été très fructueux. Enfin, à l'occasion d'une fête de famille, nous avons eu de temps en temps l'agréable surprise de recevoir une généreuse offrande destinée, dans la pensée des donateurs, à procurer quelques douceurs à nos malades et à leur faire oublier un instant leurs souffrances. De tout cela, merci encore à nos bienfaiteurs. Cependant, nous leur faisons de nouveau un pressant appel. Il est raconté dans l'histoire de la fondation du Calvaire de Paris qu'un grand mouvement de compassion se produisit alors dans la capitale : des veuves allaient tendre la main dans les salons les plus aristocratiques et par un entraînement mystérieux toutes les femmes donnaient généreusement : l'une envoyait ses diamants, d'autres économisaient sur leur toilette ou s'imposaient des privations pour grossir leur offrande ; en vidant les bourses, à la suite des sermons, on trouvait les pièces d'or mêlées aux billets de banque. Comme nous aurions besoin que la même « vague de pitié » aux pauvres Incurables passe sur notre ville de Rouen. Nous comptons sur vous, chers bienfaiteurs, pour la susciter. Vous vous souviendrez que ce que l'on donne à Dieu et pour Dieu n'appauvrit jamais et que ce que l'on verse dans le sein des pauvres revient toujours avec un sourire du Ciel et une bénédiction de Dieu.

Au point de vue spirituel, nous n'avons pas été moins favorisées. D'abord, nous avons eu les fêtes religieuses habituelles qui jalonnent l'année et viennent rompre la monotonie des longues journées de nos malades; les cérémonies de la Semaine-Sainte qui permettent à nos pauvres infirmes d'unir leurs souffrances à celles du Crucifié du Calvaire — la procession du Saint-Sacrement qui se déroule dans les dortoirs tout parés de guirlandes de feuillages, de fleurs et d'oriflammes pour la visite de Jésus qui veut bien se reposer quelques instants sur un Autel dressé au milieu de ses membres souffrants et leur donner sa bénédiction — nos adorations des premiers vendredis du mois accompagnées d'un Sermon de notre Aumônier qui nous a commenté cette année les promesses faites par N.-S. à sainte Marguerite-Marie, afin de développer en nous la dévotion au cœur de Jésus; c'est aussi dans ce but que notre Chapelle a été enrichie de la statue de sainte Marguerite-Marie qui nous a été offerte à l'occasion de sa canonisation. Nous avons eu aussi notre Retraite annuelle au mois de novembre, Elle nous a été prêchée par M. l'abbé Gilles, Aumônier des Petites Sœurs des Pauvres, retraite toute pénétrée de l'esprit de la vie religieuse qui nous a fait le plus grand bien. Le jour de la clôture, notre vénéré Supérieur a eu la bonté de venir bénir et remettre la médaille à deux de nos Sœurs. Dans une allocution toute de piété et d'à-propos, il leur a montré le sens de cette démarche, ce qu'il y avait de beau et de grand même au simple point de vue humain, plus encore au point de vue chrétien à consacrer sa vie brisée par le malheur au soulagement des souffrances des autres, mais ce que un tel dévouement exigeait de sacrifice et de générosité — cérémonie toute intime mais combien douce pour nos âmes.

La fête de l'Adoration Perpétuelle a été célébrée le 31 décembre, comme chaque année, mais peut-être avec plus de solennité que de coutume : assistance plus nombreuse, office du soir plus complet, chant des Complies, Sermon par M. le Chanoine Savoye, dont

la parole tout à la fois si sacerdotale et si distinguée
fut très appréciée, et Salut en musique.

Enfin, notre Chapelle a été témoin d'une cérémonie
spéciale qui mérite d'être consignée dans nos annales:
la première Messe de M. l'abbé Capey, le 4 juillet. La
Chapelle était trop petite pour contenir tous ceux qui
avaient eu le désir de s'unir aux prières du jeune
prêtre. M. le Curé de Saint-Gervais l'accompagna à
l'autel; il n'était pas moins ému que celui qui offrait
pour la première fois le Saint-Sacrifice; nous par-
tagions nous-mêmes son émotion, car nous avons
toujours suivi avec un affectueux intérêt l'éducation
cléricale de cet enfant de la paroisse; aussi étions-nous
tout heureuses de le voir enfin parvenu au Sacerdoce,
nous comprenions également quelle grâce c'était pour
notre Maison, que la première Messe de ce nouveau
prêtre.

Nous ne vous avons pas encore parlé de nos
chères malades; il est temps de vous en entretenir.
N'est-ce pas pour elles que nous sommes ici ? Aussi
bien en leur consacrant la plus grande partie de ses
journées, la Dame du Calvaire a l'avantage et la consolation d'être encore avec Notre-Seigneur : quand elle
quitte le Tabernacle pour aller dans les dortoirs, c'est
Lui qu'elle retrouve dans ses membres souffrants.

Nous avons reçu pendant le cours de l'année vingt-
trois malades : quatorze sont décédées, cinq sont
parties guéries, quatre ont quitté la Maison pour
diverses raisons.

Avant de terminer ce compte rendu déjà trop long,
nous voudrions encore évoquer devant vous quelques-
unes de nos disparues:

MARGUERITE (Lit 13)

Arrivée le 17 Février 1920. Morte le 10 Mai 1920

Bonne grand'mère qui nous est arrivée sur le déclin de la vieillesse avec un petit cancer. Sa famille lui était très dévouée et très reconnaissante: on voyait, à l'affection des siens, qu'elle-même avait été très aimante et très dévouée. Marguerite était douce, silencieuse, pieuse sans ostentation; la veille de sa mort, elle essayait encore de joindre les mains quand elle entendait prier. Elle s'éteignit si doucement dans la nuit que celle qui veillait ne put surprendre son dernier soupir. Un nombreux cortège l'accompagna au cimetière.

MARIE-THÉRÈSE (Lit 1)

Arrivée le 14 Avril 1920. Morte le 18 Mai 1920

Encore une malade qui ne fit que passer ! C'était une vieille demoiselle fort distinguée qui ne pouvait s'attendre à mourir dans un lit d'hôpital. La chère malade accepta cependant très simplement et humblement son petit lit à la sainte Famille et l'ordinaire de la Maison. Elle gardait l'espoir de guérir. Aussi quand M. le Curé lui parla du Sacrement des Malades, elle accepta... pour plus tard. Cependant, son état s'aggravait. La nuit était à redouter. Vers trois heures du matin l'oppression augmenta. A l'arrivée de notre Chapelain, notre Mère lui demanda de donner l'Extrême-Onction à la malade. Il le fit immédiatement et la Messe qui suivit fut dite à son intention. Les dernières prières que l'on récita ensuite étaient à peine achevées que l'âme s'envola toute purifiée des saintes Onctions et de l'indulgence de la bonne mort qu'elle venait de recevoir. Sa sœur, ses neveux et petit-neveux qu'elle aimait tant à voir autour de son lit pleurèrent la bonne tante, et peu de temps après, le jour du Saint-Sacrement, la mère disant à la plus petite de ses cinq enfants, âgée de quatre ans : « Tu vas jeter des fleurs de ta corbeille au bon Jésus qui est au Ciel », l'enfant répondit : « Oh ! oui, et à tante qui est avec Lui ». Heureuses les nombreuses familles ainsi élevées !

MARIA (Lit 12)

Arrivée le 14 Mai 1920. Morte le 31 Mai 1920

Pauvre vieille atteinte d'abcès suppurants dans les reins. En arrivant, elle avait la figure d'une mourante ; mais aussitôt couchée dans un lit bien doux et tout blanc, elle s'écria : « On me donnerait un million, je ne serais pas si contente ». Ce grand bonheur ne dura pas, hélas ! Le mal était trop avancé. Ayant été déjà administrée chez elle, elle communia et mourut saintement le 31 mai, dernier jour du mois consacré à sa divine Mère et Patronne.

AURÉLIE (Lit 9)

Arrivée le 19 Avril 1920. Morte le 13 Juin 1920

Jeune femme atteinte d'un cancer. Elle venait de Saint-Aignan où elle habitait avec son mari et une charmante fillette qu'ils avaient adoptée, n'ayant pas d'enfants. Elle désirait ardemment aller chez elle pour le renouvellement de la Première Communion de sa petite fille, et, comme on ne crut pas devoir le lui permettre, elle persuada à son mari de la reprendre. Celui-ci vint donc la chercher, mais se rendit à nos raisons et la laissa, lui disant qu'elle avait besoin de reprendre des forces pour supporter le voyage. Nos processions du Saint-Sacrement devaient avoir lieu le dimanche 13 juin : elle se réjouissait d'être tout près du reposoir : elle eut le bonheur d'y assister et de recevoir la bénédiction du Saint-Sacrement presque sur sa tête, mais deux heures après elle rendait son âme à Dieu. Elle avait été administrée quelques jours auparavant et avait communié le matin même.

JULIETTE (Lit 2)

Arrivée le 18 Juin 1920. Morte le 18 Juillet 1920

Atteinte seulement d'un petit cancer, elle paraissait peu malade, mais ayant eu une hémorragie le 17 juillet, dans la soirée, M. le Curé vint l'administrer le lendemain. Elle avait pu encore communier le matin et avait reçu la veille le Saint-Scapulaire. A huit heures du soir on récita les dernières prières et à dix heures elle expirait doucement en ce jour de saint Camille de Lellis, patron des agonisants.

ARMANDINE (Lit 2)

Arrivée le 23 Septembre 1920. Morte le 16 Octobre 1920

Respectable femme de quatre-vingt-trois ans. Son mari entrait en même temps chez les Petites-Sœursdes-Pauvres. Bien qu'elle n'eût que de petites plaies aux jambes, elle souffrait beaucoup, mais se plaignait très peu. Administrée le 11 octobre, elle rendait son âme à Dieu le 16 de ce même mois. Le mari mourut lui-même quelques semaines après : et ainsi les deux bons vieux, après une courte séparation qui leur avait été pénible, se sont retrouvés pour ne plus se quitter.

LÉONIE (Lit 1)

Entrée le 3 Septembre 1920, Morte le 12 Novembre 1920

Chaisière de Saint-Patrice depuis trente-neuf ans, elle nous avait été recommandée par M. le Vicaire de cette paroisse. Quelle aimable femme que cette petite vieille de quatre-vingt-cinq ans ! Malgré l'horrible mal qui la rongeait, elle était toujours souriante ! Depuis des mois, elle ne pouvait s'asseoir, et quand elle travaillait elle était obligée de rester debout; elle avait hâte de finir une aube pour un jeune prêtre auquel elle portait intérêt; elle eut le bonheur de pouvoir terminer son travail. Léonie, très estimée sur Saint-Patrice, recevait de nombreuses et fréquentes visites, même en dehors des jours réglementaires, mais comment refuser ? Rarement nous avons reçu des marques de reconnaissance comme celles qu'elle nous témoignait pour les soins que nous lui donnions : souvent nous l'entendions dire : « On est si bien ici ! » Sa mort nous a surpris. La dernière nuit, 12 novembre, ses souffrances furent plus aiguës; elle répétait sans cesse : « Mon Dieu ! que m'arrivera-t-il ? Tout ce que vous voudrez ! » A cinq heures trois quarts, on vint nous chercher. Nous avons récité les dernières prières.

M. le Curé est arrivé à temps pour pouvoir lui faire une onction; il a récité le *De Profundis*, et pendant que nous priions près d'elle, son âme allait rejoindre Jésus qu'elle avait reçu la veille et qu'elle aimait tant. L'inhumation a eu lieu à Saint-Patrice.

JOSÉPHINE (Lit 12)

Entrée le 13 Septembre 1920. Morte le 7 Décembre 1920

Femme également d'un heureux caractère qui nous vint de l'Hospice-Général où elle avait été infirmière pendant plusieurs années. Depuis trois ans, elle souffrait d'un mal à la jambe; cependant elle rendait encore quelques services, elle craignait surtout de mourir à l'Hospice-Général et disait sans cesse aux Religieuses qu'elle voulait qu'on la transportât au Calvaire. Son désir put enfin être réalisé; mais, hélas ! au bout de quelques semaines la pauvre malade mourait paisiblement au milieu de nous, le 7 décembre, au moment où nous disions les prières du Chemin de la Croix. Elle avait demandé elle-même à être administrée dès le 18 novembre. Elle était si bonne et si douce qu'elle a dû être bien reçue au Paradis.

ISMÉRIE (Lit 8)

Arrivée le 9 Janvier 1919. Morte le 20 Décembre 1920

Venue chez nous une première fois, du 4 avril au 30 mai 1916, avec un cancer au sein, cette pauvre femme s'était crue guérie et avait voulu absolument retourner chez elle. Hélas ! le mal, loin de diminuer augmenta, et elle revint frapper à notre porte, nous suppliant de la reprendre, ce que nous fîmes bien volontiers le 9 janvier 1919. C'était une malade agréable, d'esprit assez vif et même mordant parfois, qui savait bien dire quand les personnes ou les choses ne lui plaisaient pas, mais bonne au fond et ayant souvent le mot pour rire. Que de fois, à la visite du Docteur, après avoir été plus souffrante pendant quelques jours, elle lui disait en souriant : « Eh bien! Docteur, je suis encore là. Le Bon Dieu n'a pas voulu de moi ! » Au moment des fêtes de Jeanne-d'Arc elle était anxieuse... elle se sentait plus faible et elle aurait tant voulu entendre la fameuse cloche ! Elle eut la satisfaction de l'entendre plusieurs fois, car le Bon Dieu ne l'a rappelée à Lui que le 20 décembre dernier. La veille, elle communia, et pendant son action de grâces on l'entendait dire : « Bon Jésus, venez me chercher, prenez-moi », et elle ajoutait : « c'est ma dernière Communion ». En effet, le lendemain, après une suprême absolution, elle s'éteignait à huit heures du matin, et allait recevoir sa récompense méritée par des souffrances bien acceptées et bien supportées.

Il ne nous reste plus, Monseigneur, qu'à solliciter votre Bénédiction.

Bénissez nos malades, si heureuses et si fières de votre visite, bénissez-les afin que Dieu leur accorde quelque soulagement.

Bénissez nos bienfaiteurs afin que Jésus les récompense de ce qu'ils font pour ses membres souffrants.

Bénissez-nous afin que nous puissions continuer à soigner les incurables.

Puisse votre Bénédiction, à l'exemple de celle de Jésus sur les sept pains du désert, faire descendre sur notre Maison la fécondité et la prospérité, pour la plus grande gloire de Dieu et le bien des âmes !

La lecture du rapport terminée, Mgr l'Archevêque s'approche de la grille du chœur pour prononcer une allocution que nous regrettons de ne pouvoir reproduire textuellement, tant elle est allée au cœur de ceux qui ont eu le bonheur de l'entendre. Sa Grandeur est heureuse de pouvoir apporter au Calvaire les mêmes encouragements que ses vénérés prédécesseurs : comment ne le ferait-elle pas d'ailleurs ! est-il œuvre plus belle et plus chrétienne que celle qui a pour but de soulager la souffrance des pauvres incurables ? Sans doute, la plupart de ces infortunées viennent ici achever leur vie, mais il faut presque s'en réjouir ? car comment seraient-elles mortes ailleurs ? la souffrance ne les aurait-elles pas aigries et éloignées de Dieu ? même si elles étaient parties avec les secours de la religion, leurs derniers moments n'auraient pas été adoucis par la sérénité et le calme que l'on respire dans cette Maison. Sa Grandeur en trouve la preuve dans les notices nécrologiques dont on vient d'entendre la lecture : toutes ces malades sont mortes avec la même foi et la même confiance, chacune, cependant, mettant dans l'expression de ses sentiments chrétiens l'empreinte de son âme. Le Calvaire ! ces pauvres infortunées y trouvent tout à la fois une leçon et un appui : la leçon ! c'est Jésus qui la leur donne en souffrant avec tant de patience et de résignation : l'appui ! c'est encore Jésus qui le leur offre par son Cœur si compatissant à tous ceux qui sont affligés et qui sont cloués à la croix, comme Lui. Aussi comme elle est bien à sa place cette Chapelle, au centre même de la Maison : les portes des dortoirs ouvrant sur elles